Basiswissen - Geprüfter Wirtschaftsfachwirt – Betriebliches Management

Inhalt

Basiswissen - Geprüfter Wirtschaftsfachwirt – Betriebliches Management 1
Inhalt 1
I. Zur Autorin 5
II. Zur Serie „DON'T PANIC" – „GEPR. WIRTSCHAFTSFACHWIRT" 6
1   Betriebliche Planungsprozesse 7
   1.1   Betriebliches Zielsystem 7
       1.1.1   Ökonomische und soziale Ziele im betrieblichen Zielsystem 8
       1.1.2   Wissens— und Transfermanagement 9
       1.1.3   Unternehmensleitbild 10
       1.1.4   Unternehmenspolitik und Unternehmenskultur 13
   1.2   Bedeutung des betriebliches Zielsystems für den Planungsprozess 14
   1.3   Zusammenhang zwischen strategischer und operativer Planung 15
   1.4   Betriebsstatistik, Vergleichsrechnung, Planungsrechnung als Grundlage betrieblicher Planungsprozesse 16
   1.5   Entscheidungsprozess in der betrieblichen Planung 17
2   Organisations- und Personalentwicklung 19

- 2.1 Auswirkungen betrieblicher Planungsprozesse auf die Organisations- und Planungsentwicklung ... 19
- 2.2 Organisationsentwicklung (OE) ... 20
  - 2.2.1 Ziele der Organisationsentwicklung ... 20
  - 2.2.2 Konzepte der Organisationsentwicklung ... 21
    - 2.2.2.1 Gründe für Organisationsveränderungen ... 21
    - 2.2.2.2 Phasen des OE-Prozesses ... 22
    - 2.2.2.3 Ebenen des OE-Prozesses ... 23
  - 2.2.3 Lernende Organisation ... 24
- 2.3 Personalentwicklung (PE) ... 25
  - 2.3.1 Ziele der Personalentwicklung ... 25
    - 2.3.1.1 Personalentwicklung aus der Sicht des Mitarbeiters ... 26
    - 2.3.1.2 Personalentwicklung aus der Sicht des Unternehmens ... 26
  - 2.3.2 Verantwortlichkeiten für die Personalentwicklung ... 27
  - 2.3.3 Instrumente der Personalentwicklung ... 28
    - 2.3.3.1 Abbau von Informationsasymmetrien ... 29
    - 2.3.3.2 Potenzialanalyse ... 29
    - 2.3.3.3 Förderung der Mitarbeiter ... 30
  - 2.3.4 Einsatz der Personalentwicklung ... 31
    - 2.3.4.1 Personalentwicklungsgespräch ... 31
    - 2.3.4.2 Betriebliche Fortbildung ... 31
    - 2.3.4.3 Instrumente ... 32
  - 2.3.5 Umsetzung der Personalentwicklung ... 33
    - 2.3.5.1 Learning on the job ... 33
    - 2.3.5.2 Learning off the Job ... 33
    - 2.3.5.3 Job Rotation ... 34
- 3 Informations- und Wissensmanagement ... 35
  - 3.1 Wissensmanagement ... 35
    - 3.1.1 Bedeutung für den Wissenstransfer ... 35
      - 3.1.1.1 Aufgaben und Methoden des Informationsmanagements ... 36
      - 3.1.1.2 Grundkonzept eines Informationsmanagements ... 38

	3.1.1.3	Lastenheft	39
	3.1.1.4	Pflichtenheft	41
	3.1.1.5	Leistungen zum Support der IT-Systeme	43
	3.1.1.6	Prinzipien der Softwareentwicklung	43
3.1.2		Individuelles und strukturelles Wissen	44
3.1.3		Explizites und implizites Wissen	45
3.1.4		Wissenserfassung	46
	3.1.4.1	Persönliche Verhaltensweisen	46
	3.1.4.2	Wissensaustausch in Gruppen	46
	3.1.4.3	Grenzen des Wissensmanagements	48
3.1.5		Bildung von Netzwerken	49
3.2 Informationstechnologie			50
3.2.1		Ziele und Einsatzmöglichkeiten der Informationstechnologie	50
	3.2.1.1	Ziele	50
	3.2.1.2	Einsatzmöglichkeiten der Informationstechnologie / Wissen	52
3.2.2		Quellen in der Informationstechnologie	54
	3.2.2.1	Unternehmensspezifische interne Informationsquellen	54
	3.2.2.2	Unternehmensspezifische externe Informationsquellen	56
3.2.3		Informationsspeicherung	57
3.2.4		Datenschutz und Datensicherheit	58
	3.2.4.1	Datenschutz	58
	3.2.4.2	Datensicherheit	59
	3.2.4.3	Datensicherung	60
4 Managementtechniken			61
4.1 Zeit- und Selbstmanagement			61
4.1.1		Zeitmanagement	61
4.1.2		Selbstmanagement	62
	4.1.2.1	Eisenhower-Prinzip	62
	4.1.2.2	ABC-Analyse	63
	4.1.2.3	Pareto-Prinzip	64

4.2 Kreativitätstechniken 65
4.2.1 Problemdiagnosetechniken 65
4.2.1.1 Ursache-Wirkungsdiagramm 65
4.2.1.2 Fehler-Möglichkeits-Einfluss-Analyse 66
4.2.2 Kreativitätstechniken 67
4.2.3 Entscheidungstechniken 69
4.2.3.1 Arten der Entscheidungsfindung 69
4.2.3.2 Nutzwertanalyse 70
4.3 Projektmanagement 72
4.3.1 Projektorganisation 72
4.3.1.1 Definition und Rahmenbedingungen 74
4.3.1.2 Projektformen und —anlässe 75
4.3.1.3 Aufgaben des Projektmanagements 76
4.3.1.4 Arten von Projektorganisationen 77
4.3.2 Projektplanung 83
4.3.3 Projektsteuerung, -abschluss und -kontrolle 85
4.3.4 Projektdokumentation 86
4.3.5 Einflüsse und Auswirkungen auf Projekte 87
4.4 Gesprächs- und Kommunikationstechniken 88
4.4.1 Grundlagen der Kommunikation 88
4.4.2 Vortrag und Präsentation 89
4.4.3 Moderation 91
4.4.4 Konfliktmanagement 94
4.4.5 Mediation 98
4.4.6 Interviewtechnik und Bewerbungsgespräch 99
4.4.7 Mitarbeitergespräche 100
4.4.8 Verkaufsgespräche 101

Stichwortverzeichnis 102

I. Zur Autorin

Diese Publikation ist von Frau Diplom-Betriebswirtin (FH) Bianca Wolfschmidt erstellt worden. Als erfahrene Dozentin für Weiterbildungen in kaufmännischen Kursen an verschiedenen Bildungsinstituten hat Sie durch ihre jahrelange Erfahrung, das Basiswissen für den Geprüften Wirtschaftsfachwirt zusammengestellt. Durch ihre Erfahrungen ist der Stoffinhalt für Prüfungen zum Geprüften Wirtschaftsfachwirt bei der IHK, HWK aber auch für andere Abschlüsse deckend, kann jedoch nicht garantiert werden. Grund hierfür ist, dass Sie den genauen Stoffumfang immer in den Rahmenstoffplänen der einzelnen Institute finden.

Rechtlicher Hinweis zu dieser Publikation – Impressum:
Copyright: © 2015 Bianca Wolfschmidt
Druck und Verlag: epubli GmbH, Berlin, www.epubli.de
ISBN: 978-3-7375-2495-7

Alle Rechte vorbehalten, auch die der fotomechanischen Wiedergabe und Speicherung in elektronischen Medien. Die gewerbliche Nutzung dieser Publikation ist nur mit Zustimmung der Autorin zulässig.

Bei der Zusammenstellung von Texten und Abbildungen wurde mit größter Sorgfalt vorgegangen. Trotzdem können Fehler nicht ausgeschlossen werden. Verlag, Herausgeber und Autorin können für fehlerhafte Angaben und deren Folgen weder eine juristische Verantwortung noch irgendeine Haftung übernehmen.

Bianca Wolfschmidt
Diplom-Betriebswirtin (FH)
Master of Science WiWi (Uni)
www.bianca-wolfschmidt.de
www.lern-einfach.de

Die Vollständigkeit der Inhalte ist angestrebt, wird jedoch nicht rechtlich bindend gewährleistet!

II. Zur Serie „DON'T PANIC" – „GEPR. WIRTSCHAFTSFACHWIRT"

In der Serie „DON'T PANIC" können Sie unter der Kategorie „BASISWISSEN – GEPRÜFTER WIRTSCHAFTSFACHWIRT" folgende Medien (z.B. unter www.lern-einfach.de) erhalten:

- Betriebliches Management
- Investition, Finanzierung, betriebliches Rechnungswesen und Controlling
- Logistik
- Marketing und Vertrieb
- Führung und Zusammenarbeit

> **BEACHTE – AUSFÜLLBARES SKRIPT:**
>
> Sie können neben den ausgefüllten Büchern auch diese Medien „zum Ausfüllen" (Text mit Schreibschrift ist nicht abgedruckt) erhalten.
>
> Zielsetzung ist hierbei, dass Dozenten diese Skripte im Unterricht verwenden können. Ebenso ist es aber auch jedem Lernenden möglich, das Gelernte durch Schreiben zu intensivieren.
>
> Diese Skripte erhalten Sie auf der Seite www.lern-einfach.de

1 Betriebliche Planungsprozesse

1.1 Betriebliches Zielsystem

Unternehmen =

rechtlich, wirtschaftlich und finanziell selbstständige Wirtschaftseinheiten auf dem Markt

Ziel:

Gewinnerzielung

BETRIEBLICHES MANAGEMENT

1.1.1 Ökonomische und soziale Ziele im betrieblichen Zielsystem

Ökonomische Ziele:

- Leistungssteigerung

- Kostenminimierung

- Innovationsfähigkeit

- Sicherung des Arbeitsplatzes

- Leistungsgerechte Entlohnung

- Gutes Betriebsklima

1.1.2 Wissens— und Transfermanagement

Wissens- und Transfermanagement =

Sichern und Weiterentwicklung von Wissen

Gründe:

- Wissen von älteren Mitarbeitern sichern
- Wissen wird kurzlebiger

Ziele:

- Aufhebung von Wissensdefiziten
- Erweiterung und bessere Verteilung des Wissens

1.1.3 Unternehmensleitbild

Unternehmensleitbild =

Darstellung der langfristigen Ziele und

Grundsätze des Unternehmens

Inhalt:

- Aufgabe, Vision und Werte des Unternehmens
- Identität der Mitarbeiter
- Potenzial des Unternehmens
- Strategie des Unternehmens
- Qualitäts- und Umweltbewusstsein

Stärkung des

Wir-Gefühls

Charakteristik des Unternehmens durch

Corporate Identity

also .

- einheitliches Erscheinungsbild,
- einheitliches Verhalten und
- Grundsätze der Unternehmenskommunikation.

BETRIEBLICHES MANAGEMENT — Betriebliche Planungsprozesse

Weitere Charakteristiken:

Corporate Design	Erscheinungsbild des Unternehmens
Corporate Behaviour	Verhaltensweisen der Mitarbeiter gegenüber Kunden
Corporate Communication	Einheitliches Erscheinungsbild der Kommunikation
Corporate Knowledge	Wissensbasis des Unternehmens

1.1.4 Unternehmenspolitik und Unternehmenskultur

Unternehmenspolitik =

Rahmenbedingungen / Leitlinien

für die Arbeit im Unternehmen

Teilbereiche der Unternehmenspolitik:

- Personalpolitik
- Produktpolitik
- Kontrahierungspolitik
- Distributionspolitik
- Kommunikationspolitik
- Finanzpolitik

Unternehmenspolitik wird beeinflusst durch wirtschaftliche, politische und gesellschaftliche Rahmenbedingungen.

1.2 Bedeutung des betriebliches Zielsystems für den Planungsprozess

Bedeutung von Wissen in der Planung =

- Wissen als Informationen über den Kunden

- Wissen als Erfolgsfaktor fürs Unternehmen

- Wissensvorsprung als Wettbewerbsvorteil

1.3 Zusammenhang zwischen strategischer und operativer Planung

Hauptaufgaben der Unternehmensplanung

- Analyse
- Informationsaufbereitung und
- Informationsbereitstellung

Strategische Planung =

Langfristige Planung des Umfelds des Unternehmens

Operative Planung =

Kurzfristige Planung der Wirtschaftlichkeit der Prozesse (kurzfristig)

BETRIEBLICHES MANAGEMENT

1.4 Betriebsstatistik, Vergleichsrechnung, Planungsrechnung als Grundlage betrieblicher Planungsprozesse

Arten von Planungshilfen:

- Betriebliche Kennzahlen

- Zeit-Vergleich

- Soll-Ist-Vergleich

- Benchmarking

    Vergleich mit anderen Unternehmen / Teilbereichen

- Operation Research

    Mathematische Berechnung der Erfolgschancen

1.5 Entscheidungsprozess in der betrieblichen Planung

Managementregelkreis / Ziel von Managementsystemen:

Weiterentwicklung und Erreichung der Ziele

BETRIEBLICHES MANAGEMENT

Betriebliche Planungsprozesse

Integriertes Managementsystem =

Zusammenarbeit der einzelnen Managementsysteme

Drei Komponenten jedes Managementsystems:

- *Führungskomponenten*

Verantwortung der Leitungsebene, Motivation für die Mitarbeiter, ...

- *Prozessübergreifende Komponenten*

Maßnahmen für den Prozess wie Planung, Lenkung, ...

- *Prozessbegleitende Komponenten*

Maßnahmen zur Unterstützung der Maßnahmen wie z.B. Vertragsprüfung

2 Organisations- und Personalentwicklung

2.1 Auswirkungen betrieblicher Planungsprozesse auf die Organisations- und Planungsentwicklung

Wirkung von Planungsprozessen auf die Organisations-/Personalentwicklung:

- Veränderung der Organisation
- Stetiges Ziel der Verbesserung
- Stetige Weiterentwicklung des Personals

Maßnahme:

Kontinuierlicher Verbesserungsprozess

2.2 Organisationsentwicklung (OE)

2.2.1 Ziele der Organisationsentwicklung

Organisationsentwicklung =

alle langfristig angelegten Entwicklungsprozesse zur Veränderung der Strukturen des Unternehmens

Ziele der Organisationsentwicklung sind

Verbesserungen der

- Organisationskultur,
- Mitarbeitermotivation
- Leistungsfähigkeit der Organisation

2.2.2 Konzepte der Organisationsentwicklung

2.2.2.1 Gründe für Organisationsveränderungen

Gründe für Organisationsveränderung:

- Neuausrichtung
- Krise oder Wachstum
- Kostensenkungsprogramm

Grundsätze der Organisationsentwicklung:

- Sorgfältige Analyse der Unternehmenssituation
- Probleme und Chancen als Antriebskraft
- Beteiligung aller Mitarbeiter an der Organisationsveränderung

2.2.2.2 Phasen des OE-Prozesses

3-Phasen-Modell nach Lewin

= Unternehmen durchläuft bei Veränderung immer drei Phasen

Phasen

1. Phase: Unfreezing   (Auftauen der Strukturen)
2. Phase: Moving   (Verändern der Strukturen)
3. Phase: Refreezing   (Einfrieren der neuen Strukturen)

Ziel: Strukturen immer **wieder auftauen, ändern und einfrieren**

2.2.2.3 Ebenen des OE-Prozesses

Ebenen der Prozesse der Organisationsentwicklung =

1. Ebene	*Personelle Ebene*	Einfluss auf den Mitarbeiter
2. Ebene	*Interpersonelle Ebene*	Schulung / Weiterentwicklung der Teams
3. Ebene	*Organisationsebene*	Verbesserung der Zusammenarbeit zwischen den Organisationseinheiten

2.2.3 Lernende Organisation

„Lernende Organisation" =

Prozess der nachhaltigen Veränderung der Organisation

Also:

„learning by doing"

Merkmale einer lernenden Organisation:

- Mitarbeiter hinterfragen Arbeitsanweisungen und verbessern diese
- Ideen kommen von Mitarbeitern und werden akzeptiert
- Entwicklung der Organisation verläuft kontinuierlich und nachhaltig

2.3 Personalentwicklung (PE)

2.3.1 Ziele der Personalentwicklung

Ziele der Personalentwicklung:

- Erkennen von Mitarbeiterpotenziale
- Erkennen von Lern- und Entwicklungsbedarf
- Abstimmen von Potenziale und Entwicklungsbedarf
- Motivation der Mitarbeiter zur Weiterentwicklung
- Förderung der Zusammenarbeit der Mitarbeiter
- Förderung von Innovationen im Unternehmen

2.3.1.1 Personalentwicklung aus der Sicht des Mitarbeiters

Personalentwicklung aus **Sicht des Mitarbeiters** =

- Förderung des Mitarbeiters
- Laufbahn durch Weiterbildungen
- Karriere als Motivation

2.3.1.2 Personalentwicklung aus der Sicht des Unternehmens

Personalentwicklung aus **Sicht des Unternehmens** =

- Mitarbeiterbindung
- Ausbildung von Facharbeiter / Spezialisten

2.3.2 Verantwortlichkeiten für die Personalentwicklung

Verantwortliche in der Personalentwicklung:

- Personalabteilung
- Geschäftsleitung
- Mitarbeiter
- Betriebsrat
- Vorgesetzter
- Ggf. Ausbilder
- Ggf. Schwerbehindertenbeauftragter

2.3.3 Instrumente der Personalentwicklung

Prozesse des Wissens- und Transfermanagement:

- Setzen von Wissensziele
- Erkennen von Wissensträgern
- Fördern von Wissenserwerb
- Entwickeln von Wissen
- Bewahren von Wissen im Unternehmen

2.3.3.1 Abbau von Informationsasymmetrien

Wichtig im Unternehmen:

Informationsdefizite schließen und Mitarbeiter fördern

2.3.3.2 Potenzialanalyse

Potenzialanalyse =

- Kompetenzen der Mitarbeiter erkennen
- Erkennen von Motivation & Persönlichkeit

Hilfsmittel:

Assessment Center

(mehrere Tage mit Rollenspiele, Interview, Gruppenarbeit, ... unter ständiger Beobachtung)

2.3.3.3 Förderung der Mitarbeiter

Förderung der Mitarbeiter durch

- Weiterbildungen
- Ausbildungen / Umschulungen
- Karriereprogramme

2.3.4 Einsatz der Personalentwicklung

2.3.4.1 Personalentwicklungsgespräch

Personalentwicklungsgespräch =

- Beobachtung und Bewertung des Mitarbeiters
- Lob und Tadel im sachlichen Gespräch

2.3.4.2 Betriebliche Fortbildung

Arten von Betriebliche Fortbildung =

- Erhaltungsfortbildung
- Erweiterungsfortbildung
- Anpassungsfortbildung
- Aufstiegsfortbildung

2.3.4.3 Instrumente

Förderung der Mitarbeiter durch:

- *Job-Enrichment*

= Aufgabenbereicherung; Mitarbeiter erhält weitere Aufgaben mit höherem Anforderungsniveau (vertikale Erweiterung der Aufgaben)

- *Job-Enlargement*

= Aufgabenerweiterung; Mitarbeiter erhält neue Aufgaben mit gleichen Anforderungsniveau (horizontale Erweiterung der Aufgaben)

- *Job-Rotation*

= Aufgabenwechsel; Mitarbeiter wechselt Aufgabengebiet

2.3.5 Umsetzung der Personalentwicklung

2.3.5.1 Learning on the job

„Learning on the Job"-Maßnahmen:

Kompetenzerwerb am Arbeitsplatz gezielt durchführen

2.3.5.2 Learning off the Job

„Learning off the Job"-Maßnahmen:

Kompetenzerwerb außerhalb vom Arbeitsplatz

typischerweise durch

Seminar

2.3.5.3 Job Rotation

Job Rotation =

Kompetenzerwerb durch Wechsel des Arbeitsplatzes

durch

Austausch der Stelleninhaber

3 Informations- und Wissensmanagement

3.1 Wissensmanagement

3.1.1 Bedeutung für den Wissenstransfer

Wissensmanagement =

gezielte Gestaltung von Rahmenbedingungen und Prozessen

einer Organisation bezüglich dem Produktionsfaktors Wissen

Ziel des Wissensmanagements =

Bereitstellung des erforderlichen Wissens

- in erforderlicher Tiefe

- im geforderten Umfang

3.1.1.1 Aufgaben und Methoden des Informationsmanagements

Ziel des Informationsmanagement:

- *Verfügbarkeit der Informationen*

  Jeder befugte Mitarbeiter kann auf die Informationen zugreifen.

- *Integrität der Informationen*

  Die gespeicherten Informationen entsprechen den realen Daten.

- *Vertraulichkeit der Informationen*

  Die Informationen sind vor Unbefugten gesichert.

Aufgaben / Methoden im Informationsmanagement

- Datenerfassung
- Datenverarbeitung
- Datenübertragung
- Datenspeicherung
- Datensicherung
- Datensicherheit und Datenschutz.

3.1.1.2 Grundkonzept eines Informationsmanagements

Grundkonzept eines Informationsmanagement:

- Analyse des Informationsbedarfs

Identifizierung der notwendigen Informationen

- Planen des Informationsbestandes

Definition der notwendigen organisatorischen Maßnahmen

- Verfügbarmachen der Informationen

Strukturierung der Daten physisch und logisch

- Informationsversorgung

Vergabe der Zugangszugangsberechtigung zu den Informationen, Bereitstellung der Daten

3.1.1.3 Lastenheft

Das **Lastenheft beschreibt** die

Forderungen

Funktion:

Leistungsbeschreibung

Erstellung durch:

Auftraggeber

Rechtsverbindlichkeit:

Für alle

Inhalt des Lastenhefts:

- Produkt
- Rahmenbedingungen
- Funktionale Anforderungen
- Nicht funktionale Anforderungen (Bsp. Gesetze)
- Vertragliche Konditionen
- Anforderungen an Auftragnehmer
- Anforderungen ans Projektmanagement

3.1.1.4 Pflichtenheft

Das **Pflichtenheft beschreibt** die

Erarbeitende Umsetzung /

Realisierungsvorgaben

Funktion:

Überprüfen der Leistung

Erstellung durch:

Auftragnehmer

Rechtsverbindlichkeit:

Beide, besonders für Auftragnehmer

Inhalt von Pflichtenheft:

Der Inhalt ist wie beim Lastenheft zuzüglich

- Wirtschaftliche Aspekte
- Ökologische Aspekte

→ Angebot mit Preisen

Unterschied Lasten-/Pflichtenheft

Lastenheft vom Auftraggeber

Pflichtenheft vom Auftragnehmer

3.1.1.5 Leistungen zum Support der IT-Systeme

IT-Support-Leistungen:

- Installation
- Einweisung / Schulung
- Anpassung der Software
- Aktualisierung & Erweiterung der Software

3.1.1.6 Prinzipien der Softwareentwicklung

Prinzipien der Softwareentwicklung:

- Open-Source-Software
  Quelltexte offen, lizenzfreie Installation
- Closed-Source-Software
  Quelltexte geschlossen, lizenzpflichtige Installation

3.1.2 Individuelles und strukturelles Wissen

Individuelles Wissen =

Wissen, das

- schwer dokumentierbar ist
- durch Erfahrungen angeeignet wurde

Strukturelles Wissen =

Wissen, das

- dokumentierbar ist
- für Gruppe verständlich ist

3.1.3 Explizites und implizites Wissen

Unterschiede zwischen explizites / implizites Wissen:

Explizites Wissen	Implizites Wissen
Wissen, das formuliert und dokumentiert werden kann	Wissen, das sich schwer in eine formale Sprache fixieren lässt
Einfache Verwaltung	Schwere Sicherung des Wissens
Generelles Wissen	Meist individuelles Wissen

3.1.4 Wissenserfassung

3.1.4.1 Persönliche Verhaltensweisen

Persönliche Verhaltensweisen:

Mitarbeiter kann ...

- Fragen stellen

- seine Zeit sinnvoll nutzen

- sich in Gruppen bilden

3.1.4.2 Wissensaustausch in Gruppen

Wissensaustausch in Gruppen ...

durch Gruppenkohäsion

Kosten durch Wissensmanagement:

- Kosten durch Implementierung der Wissensbasis
- Senkung der Arbeitskosten und Effektivitätssteigerung

Nutzen:

Der Nutzen ist schwer messbar.

Daher **Barrieren** wegen

- - notwendigen Zeitaufwand
- - fehlende Bereitschaft der Mitarbeiter etc.

3.1.4.3 Grenzen des Wissensmanagements

Grenzen des Wissensmanagement durch

Kritiken in der Einführung, Verständlichkeit etc.

Kritiken bei der **Einführung** können sein:

- Überhastete Einführung, Zeitdruck beim Lernen des Systems
- Überbewertung der Technik
- Falsch eingesetztes Belohnungssystem

Kritiken bei der **Verständlichkeit** können sein bzgl.:

- Einfachheit
- Übersichtlichkeit

Kritiken an den **Anreizsystemen** können sein:

- Wissen ist nicht immer messbar
- Anreiz als Motivation für Mitarbeiter zu gering

3.1.5 Bildung von Netzwerken

Netzwerke durch **Informationstechnik** wie:

- Projektmanagement-Software
- ERP-Module für Projektmanagement
- Office-Programme
- Kommunikations-Software

3.2 Informationstechnologie

3.2.1 Ziele und Einsatzmöglichkeiten der Informationstechnologie

3.2.1.1 Ziele

Informationstechnologie als

Hilfsmittel für die Organisationsentwicklung

mit Wissen in …

- *Diskussionsforen, Blogs, …*

  Diskussionsplattform oder „Berichte" zur Themendiskussion

- *Content-Management-Systemen*

  (oder auch Enterprise Content Management – System zur unternehmensweite Nutzung von Informationen - genannt)

- *Unternehmens-Wikis*

  Digitale Nachschlagewerke speziell fürs Unternehmen

- E-Learning-Anwendungen

  Computergestütztes Lernen: Computer Based Training (CBT): Lernen am PC
  Web Based Training: Lernen im Internet

- Groupware-Systemen

  Gruppen-Software-Programme

- Erfahrungen aus Projekten / Best-Practice-Transfer

oder klassisch in

- Dokumenten, Checklisten, etc.

3.2.1.2 Einsatzmöglichkeiten der Informationstechnologie / Wissen

3.2.1.2.1 Personalentwicklung

Verbindung Wissensmanagement & Personalentwicklung bei:

- *Kompetenzmanagement*

  Feststellen von Wissen, ...

- *Führung durch Motivation*

  Intrinsische Motivation: Mitarbeiter selbst motiviert;
  Extrinsische Motivation: Mitarbeiter wird z.B. durch Geld motiviert

- *Führung durch Zielvereinbarungen*

  SMART-Regel

- *Maßnahmen zur Personalentwicklung*

  Seminar, Fortbildung, Coaching, Moderation, ...

3.2.1.2.2 Organisationsentwicklung

Verbindung Wissensmanagement & Organisationsentwicklung bei:

- *Ideenmanagement*

  Finden von Ideen

3.2.1.2.3 Technologie und Produktion

Verbindung Wissensmanagement & Technologie und Produktion bei:

- *Produktionsprozesse*

  Erleichterung der Produktion durch neues Wissen

- *Neue Produkte*

  Erstellung von neuen Produkten durch neue Kenntnisse

3.2.1.2.4 Finanzmanagement

Verbindung Wissensmanagement & Finanzmanagement bei:

- *Kennzahlen*

  Aufbereitung von Wissen / Zahlen und deren Auswertung

3.2.2 Quellen in der Informationstechnologie

3.2.2.1 Unternehmensspezifische interne Informationsquellen

Arten von internen Informationsquellen:

- *FAQ-Listen*
  Nachschlagewerk mit Frage-Antwort-Listen

- *Wissensbilanzen*
  Darstellung des intellektuellen Kapitals eines Unternehmens

- *Benchmarking*
  Systematischer interner Vergleich von Produkten / Prozessen

- *Ideenmanagement*
  Verbesserungsvorschläge von Mitarbeitern

- *Qualitätszirkel und Innovationszirkel*
  Arbeitsgruppen zur Qualitätsverbesserung

- *Erzähltechniken*
  Weitergabe von Erfahrungen, Wissen etc. unter Mitarbeitern

- **Fehlermöglichkeits- und -einflussanalyse (FMEA)**
  Instrument zur vorbeugenden Qualitätssicherung

- **Workflow**
  Ablaufplanung für Produktionsprozesse

- **Data-Warehouse**
  Organisatorisches Konzept für die Datenhaltung

Wissensbilanz:

Darstellung von

- **Humankapital**
  (Zusammenfassung der Kompetenzen, Qualifikationen und Fertigkeiten aller Mitarbeiter)

- **Strukturkapital**
  (Zusammenfassung aller Strukturen zur Erfüllung der Aufgaben durch die Mitarbeiter)

- **Beziehungskapital**
  (Zusammenfassung aller Beziehungen zu externen Unternehmen und Personen)

3.2.2.2 Unternehmensspezifische externe Informationsquellen

Arten von externen Informationsquellen:

- *Allgemeine Informationsquellen*
  Informationen über Printmedien, Netzwerke, etc.

- *Fallstudien*
  Erfahrungen über die Einführung von Wissensmanagement

- *Marktforschung des Unternehmens*
  Forschung bestimmter Aspekte des Marktes per
  Schriftliche Befragung, Online-Befragungen, Testlabor, …

- *Externes Benchmarking*
  Externer Vergleich mit anderen Unternehmen

- *SWOT-Analyse*
  Stärken, Schwächen, Chancen & Risiken des Unternehmens

3.2.3 Informationsspeicherung

Informationsspeicherung durch

- Rechnernetze

- Datenbanken als Werkzeug

  1:1-Beziehung, 1:N-Beziehung und M:N-Beziehung

- Informationsspeicherung in Dateien

- mit Informationen und Metainformationen

- Informationsnutzung

3.2.4 Datenschutz und Datensicherheit

3.2.4.1 Datenschutz

Datenschutz =

Schutz der Daten bei Speicherung & Verarbeitung

Grund: Informationelle Selbstbestimmung =

Jeder darf selbst über Veröffentlichung und Verwendung seiner Daten bestimmen.

Maßnahmen:

- Zweckgebundene Speicherung
- Datensparsamkeit – nur notwendige Daten speichern
- Anonymisieren von Daten
- Strukturierung, Löschen und Aktualisieren von Daten

3.2.4.2 Datensicherheit

Datensicherheit =

Sicherheit gegenüber Verlust & Manipulation von Daten

Gefahren durch:

- Menschliche Bedrohung

  Abhilfe durch z.B. Zugangsbeschränkung

- Technische Bedrohung

  Abhilfe durch z.B. Firewalls

- Umwelteinflüsse

Maßnahmen:

- Schulung der Mitarbeiter
- Soft- und Hardware zur Datensicherung
- Sicheres Netzwerk, Passwörter etc.

3.2.4.3 Datensicherung

Datensicherung =

Sicherung der Daten auf weiteren Datenträger

Datensicherung benötigt

- Datensicherung in regelmäßigen Abständen
- Wahrung der Aktualität & Vollständigkeit der Daten
- sichere Verwahrung und Prüfung der Wiederherstellbarkeit

Differenzielles Backup	Sicherung geänderter Daten seit letztem vollständigen Backup
Inkrementales Backup	Sicherung der Daten seit der letzten Datensicherung
Vollständiges Backup	Sicherung aller Daten unabhängig von letzter Sicherung

4 Managementtechniken

4.1 Zeit- und Selbstmanagement

4.1.1 Zeitmanagement

Zeitmanagement=

Optimierung von Vorgabezeiten in der Arbeit

Instrumente der Verbesserung:

- REFA-Methode

    Ermittlung von Grund-, Erhol- und Verteilzeiten

- Studien

4.1.2 Selbstmanagement

4.1.2.1 Eisenhower-Prinzip

Eisenhower-Prinzip =

Einschätzung von Dringlichkeit und Wichtigkeit von Arbeiten

		Dringlichkeit	
		dringend	**nicht dringend**
Wichtigkeit	**wichtig**	A / I Sofort selbst erledigen	B / II Terminieren und selbst erledigen
	nicht wichtig	C / III An kompetente Mitarbeiter delegieren	D / IV Nicht bearbeiten (Papierkorb)

Quelle: Wikipedia

4.1.2.2 ABC-Analyse

Ziel der ABC-Analyse =

Unterscheidung vom Wesentlichen und Unwesentlichen

- die wichtigsten Artikel (A-Artikel) - ca. 75 % des Umsatzwertes
- weniger wichtige Artikel (B-Artikel) – ca. 20 % des Umsatzwertes
- unwichtige Artikel (C-Artikel)- ca. 5% Prozent des Umsatzwertes

Schritte der ABC-Analyse

1. Berechnung des Jahresverbrauchswert
2. Absteigendes Sortieren der Artikelliste nach wertmäßigen Verbrauchswert
3. Ermittlung des Prozentanteil jedes Materials an der Gesamtverbrauchssumme
4. Kumulieren der Prozentanteile
5. Bilden der Gruppen

BETRIEBLICHES MANAGEMENT

Managementtechniken

4.1.2.3 Pareto-Prinzip

Pareto-Prinzip =

= 20% ist Wichtig; 80% weniger wichtig

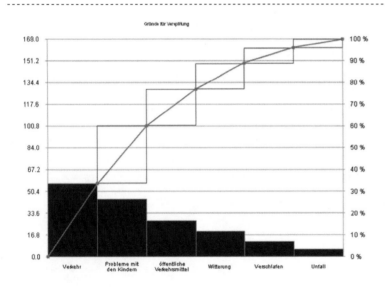

Paretodiagramm; Quelle: Wikipedia

4.2 Kreativitätstechniken

4.2.1 Problemdiagnosetechniken

4.2.1.1 Ursache-Wirkungsdiagramm

Ursache-Wirkungs-Diagramm =

auch genannt: Ishikawa- oder Fischgräten-Diagramm

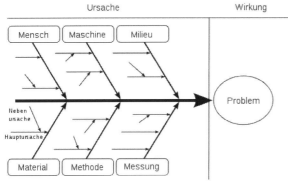

Von Kopf (Wirkung) wird zu den Gräten (Ursachen) der Zusammenhang aufgezeigt.

Ishikawa-Diagramm; Quelle: Wikipedia

4.2.1.2 Fehler-Möglichkeits-Einfluss-Analyse

FMEA (Fehler-Möglichkeits und Einfluss-Analyse) =

Instrument um möglichst frühzeitig Fehler(ursachen) zu entdecken

---

Dabei wird durch eine angenommen Wertung, ein möglicher Fehler prognostiziert.

Dies drückt sich durch die sogenannte

Risikoprioritätszahl (RPZ)

---

aus.

Diese besteht in der Multiplikation von

RPZ =

    Auftretenswahrscheinlichkeit * Bedeutung * Entdeckungswahrscheinlichkeit

4.2.2 Kreativitätstechniken

Methoden im Wissensmanagement:

- *Analogiebildung*
  Technik zum Übertragen von Denkmustern von einer Situation auf eine andere

- *Brainstorming*
  Sammeln von Informationen in der Gruppe und späteres Auswerten

- *Brainwriting*
  Aufschreiben von Ideen jedes einzelnen Teammitglieds separat

- *Methode 6-3-5*
  6 Teilnehmer, 3 Ideen, innerhalb von fünf Minuten

- *Sechs Denkhüte*
  Betrachtung der Situation durch verschiedene (6) Perspektiven: analytisch, kritisch, emotional, optimistisch, kreativ, systematisierend und einordnend

- *Mindmap*
  Grafische Darstellung eines Hauptthemas mit Ästen

Clustering
Darstellung von Assoziationen durch Verbindungen auf Papier

Bionik
Prinzipien der Natur werden auf die Technik übertragen

Progressive Abstraktion
Analytische Zerteilung und Analyse eines Problems

4.2.3 Entscheidungstechniken

4.2.3.1 Arten der Entscheidungsfindung

- *Normative Entscheidungsfindung*
  Rationales Handeln und Entscheiden

- *Deskreptive Entscheidungsfindung*
  Empirisches und handlungsorientiertes Handeln

Ziel:

Finden von neuen / überarbeitenden Ideen

4.2.3.2 Nutzwertanalyse

Nutzwertanalyse =

Vergleich von Alternativen anhand von Kriterien

---

5 Schritte der Nutzwertanalyse:

Ziel:

Ermittlung der besten Alternative anhand der Bewertung

Managementtechniken

Beispiel: Berechnung des Nutzwertes eines Autos

Kriterien	Gewichtung	Alternativen			
		Alternative A		Alternative B	
		Einschätzung	Wert	Einschätzung	Wert
PS-Stärke	4	2	8	3	12
Optik	5	4	20	2	10
Priorität			28		22

Ergebnis:

Somit wäre Alternative A besser.

4.3 Projektmanagement

4.3.1 Projektorganisation

Im Projekt gibt es verschiedene Organisationsebenen (Personengruppen mit Zielen):

- Projektleiter
- Projektmitarbeiter
- Projektpromoter
- Projektcontroller
- Fachabteilungen
- Projektlenkungskreis

Aufgaben des Projektleiters:

- Konzeption und Planung des Projektes
- Strukturierung des Teams
- Beschaffung von Ressourcen
- Überwachung, Steuerung und Kontrolle des Projektes

4.3.1.1 Definition und Rahmenbedingungen

Projekt (DIN 69 901) =

- eindeutige Aufgabenstellung
- zeitliche Befristung
- begrenzter Einsatz von Ressourcen
- eindeutige Zielsetzung
- projektspezifische Organisation

4.3.1.2 Projektformen und −anlässe

Kriterien zur Unterteilung von Projekten:

Projektinhalt	Stellung des Kunden	Grad der Wiederholung	Zeitdauer
• Forschungsprojekte • Investitionsprojekte ..	• interne Projekte • externe Projekte	• einmalig • ähnlich wiederkehrend	• langfristig • mittelfristig • kurzfristig

Beispiele für interne Projekte	Beispiele für externe Projekte
IT-Projekte	Montageprojekte
Restrukturierung	Fertigungsprojekte
Rationalisierung	Entwicklungsprojekte im Auftrag anderer

4.3.1.3 Aufgaben des Projektmanagements

Aufgaben des Projektmanagements:

Projektplanung durchführen & Projektziel erreichen

durch

- Planung
- Organisation
- Koordination
- Steuerung
- Kontrolle

4.3.1.4 Arten von Projektorganisationen

Um ein Projekt in eine Organisation einzubinden, gibt es verschiedene Arten:

1. Art der Einstufung eines Projektes ins Unternehmen

Reine Projektorganisation

Merkmal:

- Projektleiter volle fachliche & personelle Weisungsbefugnis
- Unabhängig von bisheriger Organisation

Grafische Darstellung: Reine Projektorganisation

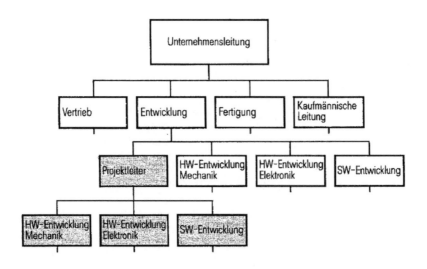

Quelle: Burghardt, M.: Projektmanagement, 4. Aufl., 1997, S. 85.

2. Art der Einstufung eines Projektes ins Unternehmen

Matrixorganisation (häufigste Variante im Unternehmen)

Merkmal:

- Abstimmung mit den Abteilungsleitern
- Projekte als Matrix über bisherige Organisation

Grafische Darstellung: Matrix-Projektorganisation

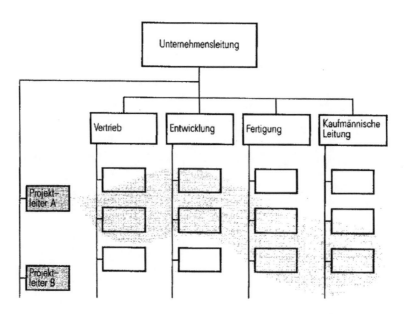

Quelle: Burghardt, M.: Projektmanagement, 4. Aufl., 1997, S. 86.

3. Art der Einstufung eines Projektes ins Unternehmen

Stabs-Projektorganisation (Einfluss-Projektorganisation)

Merkmal:

- Projektleiter lediglich Beratungsfunktion
- Projektleiter als Moderator
- Geschäftsleitung trifft Entscheidungen

Grafische Darstellung: Stabs-/Einfluss-Projektorganisation

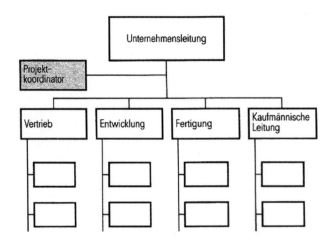

Quelle: Burghardt, M.: Projektmanagement, 4. Aufl., 1997, S. 85.

Ebenso gibt es Mischformen zur Eingliederung eines Projektes ins Unternehmen.

4.3.2 Projektplanung

Phasen des Projektmanagements:

Hilfsmittel:

Vorgangslisten

(Liste mit Vorgängen eines Projektes mit Ressourcen, Zeit, Verantwortlichkeit, ...)

BETRIEBLICHES MANAGEMENT

Managementtechniken

Netzplantechnik

Netzpläne zeigen mehrere, zum Teil parallel laufende, zum Teil miteinander verzahnte Arbeitsabläufe graphisch in logischer und zeitlicher Reihenfolge darzustellen. Durch den

„kritischen Weg"

ist erkennbar, wo kein zeitlicher Puffer besteht und das Projekt bei Nichteinhaltung der Zeit, sich zum Ergebnis verspätet.

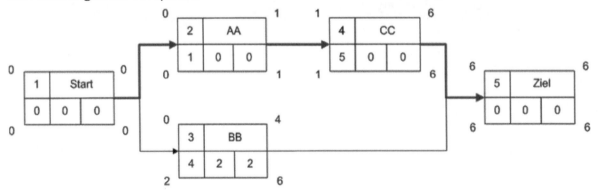

Quelle: Wikipedia

4.3.3 Projektsteuerung, -abschluss und -kontrolle

Aufgaben der Projektsteuerung:

- Starten & Beenden von Vorgängen
- Überwachen & Ändern der Vorgänge mit dem Soll-Plan
- Kontrolle der Endergebnisse

Projektsanierung durch:

- neue Definition der Projektziele
- Umstrukturierung der Projektorganisation
- Veränderungen innerhalb des Projektteams / -leitung

Projektabschluss durch:

- Erreichen des Projektzieles
- Übersteigung der Kosten, Ressourcen etc.
- Veränderung der Rahmenbedingungen & Konflikte

4.3.4 Projektdokumentation

Bei Projektabschluss :

Präsentation und Dokumentation der Ergebnisse

4.3.5 Einflüsse und Auswirkungen auf Projekte

Einflüsse auf Projekte durch

Konflikte im Team

Konflikte durch:

- Konkurrenzdenken

- Hierarchiestrukturen

- Unterschiedliche Motivation der Teammitglieder

4.4 Gesprächs- und Kommunikationstechniken

4.4.1 Grundlagen der Kommunikation

Kommunikationsmodell nach Schulz von Thun:

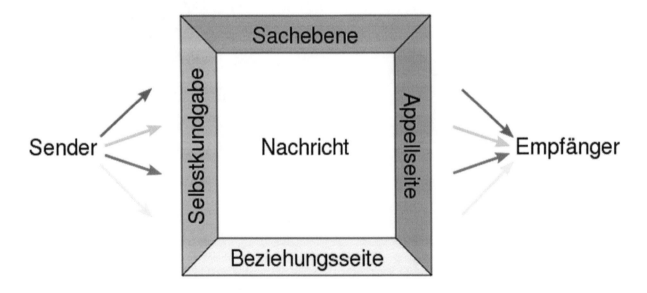

Quelle: Wikipedia: „Vier-Seiten-Modell de"

4.4.2 Vortrag und Präsentation

Ziel eines Vortrags / Präsentation =

Eine Präsentation / Ein Vortrag soll ….

- *überzeugen*
- *informieren*
- *motivieren*

Organisatorische Vorbereitung:

- Agenda festlegen und versenden
- Raum & Hilfsmittel reservieren
- Handouts kopieren
- Verpflegung und Getränke besorgen
- Störungen / Probleme einplanen

4.4.3 Moderation

Spielregeln für eine gute Moderation:

Wichtigkeit der Vorbereitung:

Erfolg der Moderation durch gute Vorbereitung

Methodische **Hilfsmittel**:

- Pinnwand
- Pinnwandpapier
- Moderatorenkoffer
- Namensschilder
- Klebestifte / Sprühkleber
- Flip-Chart

Kosten für eine Moderation durch

Personal- und Ressourcenkosten

Ablauf:

- Strukturierung der Kosten
- Ermittlung der Mengen
- Erstellung einer Kalkulation
- Zuteilung des Budgets
- Überwachung der Kosten

4.4.4 Konfliktmanagement

Konflikte haben ...

subjektive und objektive Ursachen

Subjektive Konfliktursachen	Objektive Konfliktursachen
Wahrnehmungen	Organisationsstruktur
Kenntnisse	Regeln / Normen
Motivation / Einstellung	Visionen / Ziele / Werte
Beziehungen	

Wichtigste Regel =

Konflikte vermeiden durch Prophylaxe

Vermeidung durch:

- Offene Kommunikation von Zielen
- Verbesserter Informationsaustausch
- Entwicklung einer gemeinsamen Unternehmenskultur

BETRIEBLICHES MANAGEMENT

Umgang mit Konflikten:

Konflikte offen im Gespräch ansprechen

Wichtige Aspekte für das Gespräch:

- Gespräch in entspannter Atmosphäre
- Gespräch zuerst mit Aufwärmphase
- Gespräch gut strukturieren auf Seiten des Vorgesetzten
- Gespräch zur Kommunikation beider Seiten
- Gespräch mit positivem Abschluss

Weitere Maßnahmen zur Konfliktbewältigung:

- *Konfliktdiagnose*

    Abklären von Ursache, Streitpunkt und Lösungsmöglichkeiten

- *Konfliktbewältigung*

4.4.5 Mediation

Mediation =

Lösung eines Konflikts mit Hilfe von Fachkräften (Mediatoren)

Ablauf einer Mediation:

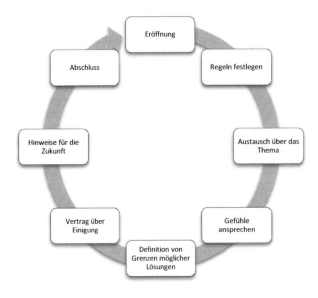

4.4.6 Interviewtechnik und Bewerbungsgespräch

Leitfaden für ein Gespräch:

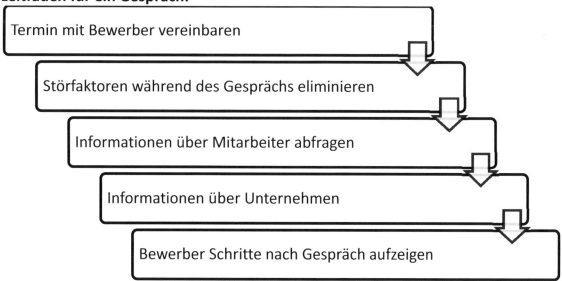

4.4.7 Mitarbeitergespräche

Arten von Mitarbeitergespräche =

Arten von Mitarbeitergesprächen:

- Anerkennungsgespräch
- Kritikgespräch
- Beurteilungsgespräch

4.4.8 Verkaufsgespräche

Verkaufsgespräche =

Gespräche zwischen Mitarbeiter und Kunden

Ziel:

Auftrag

Maßnahmen:

- Beratung

- Service

Stichwortverzeichnis

A

ABC-Analyse 63
Anonymisieren 58
Assessment 29
Aufstiegsfortbildung 31

B

Backup 60
Benchmarking 54, 56
Best-Practice-Transfer 51
Beurteilungsgespräch 100
Beziehung 57
Beziehungen 94
Bionik 68
Brainstorming 67
Brainwriting 67

C

Computer Based Training (CBT) 51

Corporate Knowledge 12

D

Daten 36, 38, 58, 59, 60
Datenerfassung 37
Datenschutz 37, 58
Datensicherung 37, 59, 60
Datensparsamkeit 58
Datenspeicherung 37
Datenübertragung 37
Datenverarbeitung 37

E

Einfachheit 48
E-Learning 51

F

FMEA 55, 66
Funktion 39, 41

H

Humankapital 55

I

Ideenmanagement 53, 54
Informationsmanagement 36, 37, 38
Informationsversorgung 38

J

Job-Enrichment 32
Job-Rotation 32

K

Kommunikation 95, 96
Kompetenzmanagement 52
Konfliktbewältigung 97
Konfliktdiagnose 97
Konflikte 94, 95, 96
Konfliktursachen 94
Kritikgespräch 100

L

Lastenheft 39, 42
Learning off the Job 33
Learning on the Job 33

M

Managementregelkreis 17
Managementsystem 18
Marktforschung 56
Matrixorganisation 79
Matrix-Projektorganisation 80
Mediation 98
Methode 67
Mindmap 67
Moderation 52, 91, 92, 93
Motivation 18, 25, 26, 29, 48, 52, 87, 94

N

Netzplantechnik 84

O

Open-Source-Software 43

P

Paretodiagramm 64
Personalentwicklung 25, 26, 28, 52
Personalentwicklungsgespräch 31
Pflichtenheft 41, 42
Potenzialanalyse 29
Projekt 72, 74, 77, 84
Projektabschluss 86
Projektleiter 77, 81
Projektmanagement 7, 40, 49, 72
Projektorganisation 77, 78, 81, 82, 85
Projektplanung 76
Projektsanierung 85
Projektsteuerung 85

R

Reine Projektorganisation 77, 78

S

Stabs-Projektorganisation 81
Strukturkapital 55
Support 43

SWOT-Analyse 56

T

Testlabor 56
Training 51
Transfermanagement 1, 9, 28
Trennungsgespräch 99

U

Übersichtlichkeit 48
Umsetzung 41
Unternehmen ... 7, 13, 14, 22, 25, 28, 29, 50, 55, 56, 77, 79, 81, 82
Unternehmensleitbild 10
Unternehmenspolitik 13
Ursache-Wirkungs-Diagramm 65

V

Verfügbarkeit 36
Vermeidung 95
Vertraulichkeit 36

W

Wissen 9, 14, 28, 35, 45, 48, 52, 53, 54
Wissensaustausch 46
Wissensbilanz 55
Wissenserwerb 28

Workflow 55

Z

Zeitwirtschaft 61
Zielsetzung 6
Zielsystem 7, 8

Notizen:

Stichwortverzeichnis